AF313591

LA CHANTEUSE

ET L'OUVRIÈRE,

COMÉDIE - VAUDEVILLE EN QUATRE ACTES,

PAR

MM. Xavier et De Villeneuve;

Représentée pour la première fois,
SUR LE THÉATRE DU PALAIS-ROYAL,
le 13 Janvier 1832.

PARIS,

J.-N. BARBA, LIBRAIRE, PALAIS-ROYAL,

DERRIÈRE LE THÉATRE-FRANÇAIS, ET COUR DES FONTAINES, N. 7.

1832.

PERSONNAGES.   ACTEURS.

LE PÈRE BOURDIN, Vitrier-Colleur....... M. BOUTIN.

MADAME BOURDIN, sa Femme.......... Mme TOBY.

MANETTE, } Mlle DÉJAZET.

URSULE, } leurs Filles............... Mme DORMEUIL.

AUGUSTE LARIBAUD, Garçon-Tapissier... M. PAUL.

BELAMY, Chanteur de Romances......... M. SAINVILLE.

LE BARON DE FOSCARO................ M. LHÉRITIER.

CHARLOT, Fils d'Ursule et de Laribaud..... M. VICTOR.

JULIE, Femme-de-Chambre............. Mme JOLY.

DOMESTIQUES.

PAYSANS.

ÉLÈVES DU CONSERVATOIRE.

INVITÉS A LA FÊTE.   Personnages muets.

GARÇONS DE FERME.

COMÉDIENS AMBULANS.

IMPRIMERIE DE DAVID,
BOULEVART POISSONNIÈRE, N. 4 bis.

LA CHANTEUSE ET L'OUVRIÈRE,

COMÉDIE-VAUDEVILLE.

Acte Premier.

(Le Théâtre représente la boutique d'un vitrier.)

SCÈNE PREMIÈRE.

BOURDIN, Mad. BOURDIN.

MAD. BOURDIN, *épluchant des légumes.*

Eh ! monsieur Bourdin , je sais aussi bien que vous qu'il faut que Manette ait un état; mais encore faut-il se donner le temps de choisir.

BOURDIN, *taillant un carreau.*

Madame Bourdin, vous n'avez pas flotté si long-temps lorsqu'il s'est agi d'Ursule, notre aînée; vous l'avez faite couturière du premier coup et elle s'en trouve bien; car, à l'heure qu'il est, elle travaille et sa sœur dort encore.

MAD. BOURDIN.

Oui, elle dort, cette chère enfant, j'en suis bien sûre ; car, sans cela, nous l'aurions déjà entendu chanter... elle est si gaie , si aimable !

BOURDIN.

Elle est fort aimable, sans doute ; mais ce n'est pas un état... une fille qui vit dans l'oisiveté contracte des habitudes de paresse qui l'empêchent de travailler.

MAD. BOURDIN.

Que c'est fin ce que vous dites là !..

BOURDIN.

Mais vous gâtez Manette.... vous la préférez à sa sœur, ce qui est injuste... Le cœur des pères et mères doit être un hôtel garni où tous les enfans logent au même étage et dans le même appartement.

MAD. BOURDIN.

Voilà vos grandes phrases qui arrivent; d'ailleurs, Manette

aura peut-être un plus bel état que vous ne pensez. M. Belamy, ce beau chanteur qui demeure au second, ne m'a-t-il pas promis sa protection.

BOURDIN.

Belle protection !... un fainéant qui passe sa vie, ni plus ni moins que Mignon, notr' serin, à chanter des romances en société... c'est pas encore un état ça.

MAD. BOURDIN.

Eh !... au surplus... vous qui avez tant d'esprit.... qui passez dans le quartier pour un philosophe, parce que vous allez au cabaret indistinctement avec tout le monde, cherchez un état..... voyez celui qui convient à vòtre fille..... Moi, je l'ai mise au monde, je l'ai élevée... éduquée... le reste vous regarde.

BOURDIN.

C'est juste !... (*Il se remet à son ouvrage, et après un moment de silence.*) Si nous faisions Manette ravaudeuse?

MAD. BOURDIN.

Fi donc !... croyez-vous que le neveu d'un riche tapissier, Auguste Laribaud, qui l'aime... qui en est fou...voudra pour femme une ravaudeuse.

BOURDIN.

Brodeuse ?

MAD. BOURDIN.

Quelle horreur !... pour lui abîmer la vue.

BOURDIN.

Au diable avec vos états de femme ; je m'y perds !.... Si ma fille était un garçon, je sais ce que je choisirais ; elle serait menuisier...

MAD. BOURDIN.

V'là encore quelque chose de joli.

BOURDIN.

Un état superbe !

MAD. BOURDIN.

Vous ne savez ce que vous dites.

BOURDIN.

C'est vous, plutôt... c'est vous.

MAD. BOURDIN.

Au surplus, votre fille n'est pas un garçon.

BOURDIN.

C'est encore juste... et il est inutile de nous quereller pour le fils que nous n'avons pas.

MAD. BOURDIN.

Et que nous n'aurons jamais.

BOURDIN.

Qu'est-ce qui sait, madame Bourdin.

MAD. BOURDIN.

Oh ! non, non, non, non, monsieur, non.

BOURDIN, *la cajolant.*

Cependant nous nous disputons assez souvent pour que...
(*On entend chanter.*)

MAD. BOURDIN.

V'là Manette !... à peine éveillée, elle roucoule...

BOURDIN.

Et sa sœur !... voyez, elle a déjà l'ouvrage à la main.

SCENE II.

LES MÊMES, MANETTE, URSULE.

MANETTE ET URSULE

AIR de la *Pauvre Fille.*

Maman et papa,
Nous venons déjà
Avec zèle
Où l'devoir nous appelle,
Nous accourons pour
Vous dire bonjour
Et vous embrasser tour-à-tour.

MANETTE.

Je vais arranger ma coiffure.

URSULE.

J'ai fini déjà
Cet ouvrage-là !

MANETTE.

Sitôt s'occuper de couture !
Ça gâte le teint
Dè s'lever si matin ;
Moi, j'veux à loisir
Chanter et dormir,
C'est là, oui, c'est là mon plaisir !

MANETTE ET URSULE.

Maman et papa, etc.

M. ET MAD. BOURDIN.

ENSEMBLE.

Enfin nous voilà,
Vous venez déjà
Avec zèle
Où l'devoir vous appelle,
Vous accourriez pour
Nous dire bonjour,
Embrassons-nous donc tour-à-tour.

BOURDIN.

Ah ! Manette, puisque te voilà, aide donc ta mère.... car, si ça continue, nous ne déjeûnerons pas aujourd'hui.

MANETTE.

Moi, allumer du feu... toucher du charbon... le plus souvent, papa... Moi qui me lave tous les jours les mains avec de la pâte d'amande... (*Chantant.*)

> Cette main,
> Cette main si jolie !...
> Tra là, la, la, etc.

BOURDIN.

C'est ça... c'est encore moi qui serai forcé de le faire... Bientôt on m'enverra au marché ou à la boucherie, chercher du mou pour la chatte ou du mouron pour le serin....

MANETTE, *chantant.*

> Si vous voulez bien le permettre.

MAD. BOURDIN.

Au fait, M. Bourdin, vous bougonnez toujours... qu'est-ce que vous avez encore à dire ?

BOURDIN.

Je n'ai plus qu'un mot à dire... c'est que les chansons ne sont pas des raisons... je vais faire mon mastic. (*Il disparaît un instant.*)

MANETTE.

Il est bon là, papa, avec sa morale... je ne peux pas la sentir la morale...

URSULE, *qui a quitté un instant son ouvrage pour souffler le feu.*

Cependant il ne s'occupe que de notre bonheur.... les conseils qu'il nous donne, c'est pour notre bien.

MANETTE.

Tiens, et toi aussi, Ursule... c'est vrai, tu n'avais encore rien dit....

MAD. BOURDIN.

Allons, Manette, n'ostinez pas votr' sœur... Si elle a des défauts, elle a aussi des qualités.

MANETTE.

Oui, Ursule a bon cœur ; mais ce n'est pas l'ambition qui l'étouffe.

MAD. BOURDIN.

Non, ça n'est pas bien rusé... ça tient de son père... Pourvu qu'elle reste là, dans un coin, et qu'elle puisse mettre tous les soirs une petite pièce de monnaie dans la tirelire qu'elle a cachée là-haut dans sa commode, elle est contente.

URSULE.

Sans doute.

AIR de l'*Angélus.*

> Mais ce n'est que pour vous, maman,
> Que si souvent j'économise ;
> Le jour d' votr' fête et l' jour de l'an,
> Je peux au moins vous causer un' surprise.
> J'voudrais souvent, grâce à cela,
> Voir rev'nir une époque si chère ;

Car je m'souviens que ces jours-là
J'ai le droit d'embrasser ma mère !

MANETTE.

Ah ! v'là mon petit Auguste.

URSULE, *à part*.

C'est lui !

SCÈNE III.

LES MÊMES, AUGUSTE, *chargé de provisions.*

AUGUSTE.

Bonjour, madame Bourdin... bonjour, mamzelle Manette...
Dites donc, père Bourdin, ce matin nous devions boire la goutte
ensemble ; mais j'ai pensé depuis plus solidement.

AIR : *Et voilà comme tout s'arrange.*

Chez mon oncle, je n'pouvais pas
Vous inviter ; aussi bien vîte
Je suis accouru de ce pas
Et c'est chez vous que je m'invite...
V'là du pâté, des saucissons
Et du vin...

BOURDIN.

Est-il bon ?

AUGUSTE.

Oui, certe...

BOURDIN.

Alors, j'agirai sans façons,
Quand t'apportes les provisions
Ma table t'est toujours ouverte.

AUGUSTE.

C'est ce que je me suis dit... d'autant plus que j'ai à vous
causer...

BOURDIN.

A moi ?

AUGUSTE.

Oui, à vous seul... en particulier... ainsi qu'à madame Bourdin, à Manette, à toute la famille... ça m'est égal.

URSULE, *à part*

Il ne m'a pas seulement regardée.

AUGUSTE, *l'apercevant.*

Tiens, v'là mamzelle Ursule !... Bonjour, mamzelle Ursule.

URSULE.

Je vous salue, monsieur Auguste.

MAD. BOURDIN.

Allons, voyons, la table, la table... M. Bourdin, soyez donc
bon à quelque chose et aidez-moi.

(Ils s'occupent à mettre la table.)

AUGUSTE, *à Ursule.*

Allons, mamzelle Ursule, c'est assez travailler... venez causer un instant.

(Il prend Ursule et Manette par le bras.)

MANETTE.

Oui, viens donc... papa met le couvert.

AUGUSTE.

Ah! dieu!... mesm'zell's, que je serais donc heureux, si je
pouvais conduire comme ça à la promenade, ma femme sous le
bras droit, et ma belle-sœur sous le bras gauche.

MANETTE.

Ça serait bien gentil.

URSULE, *soupirant.*

Ah! oui...

AUGUSTE.

Eh bien!... qu'est-ce que vous avez donc?

URSULE.

Rien, monsieur Auguste!... c'est que je pensais à ce bon-
heur-là.

AUGUSTE.

Quel beau jour qu'un jour de noce, et j'espère que le mien ne
tardera pas.

MANETTE.

Et moi donc, il me semble que j'y suis déjà!

AIR : *Que c'est gentil le mariage (Valentine).*

Dès l'matin on met sa bell' robe,
Et dans ses ch'veux un bouquet blanc...
Et quand vot' futur vous dérobe
Un p'tit baiser secrètement,
On rougit, ou l'on fait semblant...
Ensuite, on part pour la mairie,
Tous les voisins se mett'nt en rang,
On entend dir' partout qu'elle est jolie!
On baiss' les yeux d'un air de modestie...

Alors, l'adjoint du maire vous fait jurer d'être toujours fidèle...
on répond : oui, monsieur, et il vous embrasse; puis on se rend
au repas et puis à la danse.

AUGUSTE.

Et puis... et puis...

TOUS.

Ah! vraiment,   } *bis.*
C'est charmant!

Un jour de noce, ah! c'est vraiment charmant!

AUGUSTE.

Et le mari, donc...

Même Air.

Dès l'matin, on se barbifie,
On s'fait friser comme un bichon ;
Mais la nuit vient, bonsoir la compagnie,
Sous le bras on prend son tendron...
Et l'lend'main on n'est plus garçon.
Un an plus tard, on s'aim' bien davantage
Et le plaisir est bien plus grand...
Pour attester l'bonheur du mariage
Un p'tit poupon augmente le ménage.

On est père enfin... On prend son enfant dans ses bras... on le berce en lui chantant : dodo.... l'enfant do.... ou bien une poule blanche... et puis il crie... il joue... il pleure... il déchire..... il cass' tout.... mais la maman raccommode les hardes et le papa paie pour en avoir d'autres.

TOUS.

Ah ! vraiment, }
C'est charmant ! } *bis.*
Le mariage est un état charmant !

BOURDIN.

Mais v'là le déjeûner qu'est prêt.

MAD. BOURDIN, *à son mari qui boit.*

Que faites-vous donc là, M. Bourdin ?

BOURDIN.

Rien, madame Bourdin... c'est que je goûte si c'est du bourgogne...

AUGUSTE, *frappant dans ses mains.*

Allons, allons, à table... Moi, à côté de Manette, monsieur et madame Bourdin à côté l'un de l'autre, et mamzelle Ursule entre les deux....

BOURDIN, *découpant un poulet.*

Allons, c'est moi qui vais trancher la difficulté...

AUGUSTE.

C'est ça... d'abord les aîles pour les demoiselles... c'est l'symbole de la légèreté. (*Il rit.*)

BOURDIN.

La tête, je la réserve à ma femme... elle en a d'besoin.

AUGUSTE, *riant.*

Ah ! que c'est méchant... Donnez-moi la patte, s'il vous plaît.

MANETTE.

C'est connu.

AUGUSTE.

Oui, mais c'est drôle quand c'est bien placé... (*Il rit plus fort.*) Maintenant, tout le monde est servi... vous allez savoir ce que j'avais à vous dire.

BOURDIN.

Nous écoutons.

AUGUSTE.

Monsieur Bourdin, et vous, madame Bourdin son épouse...
je n'irai pas par quatre chemins... j'aime Manette.

BOURDIN.

Nous savions ça.

AUGUSTE.

Oui; mais ce que vous ne saviez pas, c'est que je vous la demande en mariage?

MAD. BOURDIN.

Nons l'avions deviné...

AUGUSTE.

Ah! soit... Eh bien! ce que vous n'aviez pas deviné, c'est que
je ne peux pas l'épouser.

TOUS.

Comment?

AUGUSTE.

Oui, ça ne pourra se faire que dans un an, parce que mon oncle, qui n'a pas la moindre idée de c'que c'est qu'l'amour, dit
que Manette n'est pas assez riche.

MANETTE.

Ainsi donc, tout est fini.

AUGUSTE.

Une minute, Manette... une minute... tout serait fini sans mon
imaginative... mais j'ai trouvé un moyen... Dans un an, je suis
majeur, j'envoie promener mon oncle, je lui fais, s'il le faut, dix
sommations plus respectueuses les unes que les autres, et vous
êtes madame Laribaud et compagnie la jeune.

BOURDIN, *se levont.*

Un instant. (*Il se lèvent tous*) Le neveu qui méconnaît l'auto-
rité paternelle de son oncle est un enfant ingrat... (*Il boit.*) je
n'approuverai jamais que tu te maries sans le consentement de
ton oncle... D'abord, à cause du respect que tu lui dois... et
puis, il ne te donnerait pas un sou.... ensuite, Manette n'a pas
d'état.

MAD. BOURDIN.

Ah! encore.

AIR du Vaudeville des *Blouses.*

Vous êtes fou, je vous le certifie.

BOURDIN.

Vous me ferez, je crois, perdre l'esprit...
Sans un état, jamais on n'se marie,
Je l'soutiendrai, mordicus, je l'ai dit...

AUGUSTE.

N'entamons pas de semblables chapitres.

UN GARÇON VITRIER, *entrant, à Bourdin.*

L'chanteur du s'cond vous demande là-haut.

AUGUSTE.

Allons, papa, ne cassez pas les vitres,
Allez plutôt placer votre carreau.

M. ET MADAME BOURDIN.

Vous êtes { fou / foll' } je vous le certifie,
Vous me ferez, je crois perdre l'esprit,
Sans un état { souvent on / jamais on n' }, se marie,
Je l'soutiendrai, mordicus, je l'ai dit.

(*Bourdin sort.*)

SCÈNE IV.

Mad. BOURDIN, URSULE, MANETTE, AUGUSTE, puis
BELAMY.

MANETTE.

Le voilà parti.

MAD. BOURDIN.

Pardine, il faut avouer que ce monsieur Belamy casse bien
souvent des carreaux ; c'est une bonn' pratique.

MANETTE.

Oui, vous ne voyez pas que c'est une frime... il casse ses carreaux pour faire monter mon père chez lui, et, pendant ce temps-
là, il descend ici pour me faire sa cour....

AUGUSTE.

Comment... c'est vrai, Manette ?

MANETTE.

Tiens, c'te farce... Regardez plutôt à la petite porte vitrée....
le voilà.

BELAMY, *entrant.*

C'est moi !

AIR : *Mes amis, c'est dans sa patrie.*

Je suis le dieu de la romance,
Je sais perler une cadence,
    Personne ne pourra,
    Je pense,
    Me surpasser à
    L'Opéra !
    C'est en chantant,
    En composant,
    En se battant
Qu'on prouve un grand
    Talent !
Et nous comptons trois grands hommes, je croi,
    Rossini, Mayerbeer et moi !

Car...

Je suis le Dieu de la romance, etc.

(*A Manette.*) Bonjour, petite colombe.... bonjour, madame Bourdin. . permettez-moi d'offrir à ces demoiselles... (*Bas à Manette.*) C'est un gage d'amour. (*Il lui donne un sac de bonbons.*)

MANETTE, *ouvrant le sac.*

Tiens ! c'est des marrons glacés.

MAD. BOURDIN.

Qu'est-ce que vous offrez donc à ma fille, monsieur Belamy ?

BELAMY.

Ça ne vous regarde pas, mère trop respectable... daignez accepter à votre tour...   (*Il lui offre une demi-livre de tabac.*)

MAD. BOURDIN.

Tiens, c'est du tabac.

BELAMY, *lorgnant Auguste.*

Qu'est-ce que c'est que ça ?

AUGUSTE, *sans le regarder.*

C'est du tabac, on vous dit.

MANETTE, *bas à Belamy.*

C'est Auguste, mon petit tapissier.

BELAMY.

Il n'est pas gênant, on peut parler devant lui... Ah ça, madame Bourdin, arrivons au principal motif de ma visite... votre fille a une voix charmante.

MAD. BOURDIN.

C'est vrai, monsieur Belamy, elle gazouille du soir au matin, que c'est un plaisir de l'entendre. Si elle avait ce qu'elle n'a pas, elle aurait bien joué la comédie...

BELAMY.

La comédie... fi donc ! parler quand on peut chanter... Avez-vous donc oublié les noms illustrés par tant de gloire et d'argent, des Pasta, des Sontag et des Malibran ? pouvez-vous flotter encore entre le titre de couturière et celui de *prima dona* ?

AIR du Vaudeville de *Fanchon.*

Par la voix quand on brille,
On soutient sa famille,
On a valets, chevaux,
Châteaux ! *bis*
Voyez quel choix vous tente,
Parlez et décidez-vous pour. .
Cent mille francs de rente
Ou bien dix sous par jour.

Même Air.

Et misère et génie
Marchent de compagnie,
Tout grand chanteur
Est grand seigneur !
Et si l'illustre Homère
Porta ses vers à l'hôpital,..
C'est qu'il savait les faire,
Mais qu'il les chantait mal.

MAD. BOURDIN.

Cent mille francs de rente et pas de boutique à payer!

AUGUSTE.

C'est un joli denier.

MANETTE.

Quel bonheur ! oh ! maman, je ne me sens pas de joie.

MAD. BOURDIN.

Et moi donc, ma fille, je vais me trouver mal.

(*Elle se laisse tomber sur une chaise.*)

AUGUSTE.

Ah ! mon dieu !   (*Il retient madame Bourdin.*)

MAD. BOURDIN.

Cent mille francs de rente.

SCENE V.

LES MÊMES, BOURDIN.

BOURDIN, *frappant sur l'épaule de sa femme.*

Dis donc, ma femme... j'ai trouvé...

MAD. BOURDIN. *se levant vivement.*

Qu'est-ce que vous avez trouvé ?

BOURDIN.

Passementière.

MAD. BOURDIN.

Vous êtes fou.

MANETTE.

Papa, nous avons trouvé bien mieux que ça... un établissement de cent mille livres de rente.

AUGUSTE.

Oui, mais dites donc, Manette... un instant... c'est que...

MAD. BOURDIN, *à son mari.*

Oui, monsieur, j'ai trouvé pour notre enfant un état superbe, un établissement de chanteuse.

BOURDIN.

Vous êtes une folle.

MAD. BOURDIN.

Et vous, une bête.

BOURDIN.

Il n'en sera rien.

MANETTE.

Mais, papa...

MAD. BOURDIN.

Vous ne savez ce que vous dites... et ma fille sera chanteuse.

BOURDIN.

Si elle a ce malheur-là, qu'elle sorte de la boutique paternelle.

(14)

MAD. BOURDIN.

Oui, elle sortira... mais avec moi ; car, dés cet instant, je vais plaider en séparation.

BOURDIN.

Une séparation ! quelle horreur ! quel scandale !.... je ne sais ce qui me retient.

AIR du *Mariage de Figaro.*

M. ET MAD. BOURDIN.

N'approchez pas ou craignez ma colère,
Il faut enfin nous séparer tous deux ;
Je m'pass'rai bien { de mari { toi { de père,
Vous n'avez plus { { plus {
Sans plus tarder { délogeons { de ces lieux.
{ délogez {

(Ursule retient son père et Manette sa mére.)

URSULE.

Ah ! calmez-vous...

BOURDIN.

Viens dans mes bras, ma fille.

MAD. BOURDIN, *à Manette.*

Viens, mon enfant, toi seule est ma famille,
Séparons-nous et de corps et de bien..

BOURDIN.

Ca n' s'ra pas long puisque nous n'avons rien...

MAD. BOURDIN.

Avant d'partir, faut qu'ma colère se passe...

(Jetant ce qui est sur la table.)

Il faut que j'casse...

BOURDIN, *cassant de son côté.*

Ah ! j'vous le rendrai bien !
Je n'ménage plus rien,
Il n'en restera rien...

AUGUSTE, *ramassant.*

Dites-donc, mère Bourdin, c'est la vaisselle de mon oncle.

MAD BOURDIN.

Ça m'est égal...

(Elle prend un manche à balai et s'élance sur son mari, qui a saisi son pupitre à carreaux et s'en sert comme de bouclier. Auguste et Bela-my se jettant entre eux ainsi que Manette et Ursule.)

M. ET MAD. BOURDIN.
N'approchez pas ou craignez ma colère, etc.

ENSEMBLE.

MANETTE, URSULE, AUGUSTE, BELAMY.
De grâce, ici, calmez votre colère,
Voulez-vous donc vous séparer tous deux ?
Que tout au moins se fasse avec mystère,
Pour le quartier, c'est un scandale affreux !

FIN DU PREMIER ACTE.

Acte Deuxième.

(Le Théâtre représente une mansarde, un schall est accroché à la fenêtre en guise de rideau. Deux chaises, une petite table, un fourneau, un piano, forment l'ameublement de la pièce.)

SCÈNE PREMIÈRE.

Madame BOURDIN, MANETTE.

MANETTE, *au piano.*

Air d'*Angélique et Jeanneton* (Doche).

Simple bergère du hameau,
Le cœur en paix vivait Annette,
Arrive un page du château,
Il était jeune, il était beau...
Alors soupire la pauvrette;
Bientôt il lui parle d'amour.
Je n'ai, dit-ell', que ma houlette,
Le pag' répond : Viens à la cour,
C'est là que doit briller Annette.

    Au sein de la grandeur,
    Faut passer sa jeunesse,
    Plus on a de richesse,
    Plus on a de bonheur!

Chacun admire la beauté
De la fillette du village,
Un prince en paraît enchanté,
Par lui le page est écarté,
Annette est dam' du haut parage.
D'la cour le pag' voulant partir,
Lui dit : Suis-moi, ma chère Annette,
J'nai plus qu'mon amour à t'offrir. .
Mais à son tour elle lui répète :

    Au sein de la grandeur, etc.

MAD. BOURDIN.

V'là ton can'zou r'passé... tu pourras le mettre pour aller prendr' ta l'çon au Conservatoire.

MANETTE.

C'est bien.

MAD. BOURDIN.

Est-ce que l'loueur de piano est encore venu fair' du tapage à c'matin ?

MANETTE.

Oui, il m'a chanté que nous lui devions trois mois.

MAD. BOURDIN.

Tiens, c'te malice... nous l'savons aussi bien que lui... Au surplus pour l'empêcher de faire des esclandres..... la première argent que j'aurai sera pour lui... quand depuis six mois on est en délicatesse avec son mari et qu'on plaide en séparation de biens, qu'on n'a pas seulement une pauvre petite pension alimentaire, on peut bien être gênée... ce n'est pas défendu !

MANETTE.

Ah ! maman, j'espère bientôt ne plus vous être à charge... voilà le temps où M. Belamy m'a promis de me faire chanter en public, à ce grand concert qu'on doit donner dans les salons de M. Pape.

MAD. BOURDIN.

Jusques-là... que j'aie tous les matins ma *castonnade* et mon café z-au lait, avec ça je te promets de dévorer ma peine. (*Pendant ce temps elle a servi son café qu'elle prend ainsi que Manette.*) Nous lui d'vons bien d'la reconnaissance à M. Belamy... c'est un bien brave homme, il te fait un peu les yeux doux, je crois...

MANETTE.

Ah ! pour rire... quoiqu'il prétende qu'il a refusé pour moi une place de maître de chapelle en Italie. Mais j'aime mieux mon petit Auguste, il a de bien plus beaux yeux. (*On frappe.*) V'là qu'on frappe... c'est lui sans doute.

(*Elle se met au piano ; sa mère court ouvrir.*)

SCENE II.

Les Mêmes, BELAMY.

BELAMY, *en entrant.*

Grande nouvelle ! grande nouvelle !

MANETTE.

Tiens, c'est monsieur Belamy... Que venez-vous donc nous annoncer ?

BELAMY.

Que le concert dont je vous ai parlé a lieu ce matin même, et que votre nouveau nom de Lindamine figure déjà sur l'affiche en grosses lettres, à côté de celui de madame Damoreau.

MAD. BOURDIN.

Le nom de ma fille à côté de celui de madame *Damoireau* !

MANETTE.

Quel bonheur ! me v'là lancée !

BELAMY.

Les administrateurs de l'Opéra viendront pour vous juger... vous aurez un succès... c'est convenu avec une douzaine de dilettanti de mes amis.

MANETTE.

Mais ma toilette ?

BELAMY.

J'ai pensé à tout; la couturière sera prête dans un quart-d'heure. Vous êtes sûre de votre grand air ?

MANETTE.

Je le chantais encore tout à l'heure.

MAD. BOURDIN.

Oui, elle l'a r'passé pendant que je r'passais.

> (*Manette va au piano.*)

SCÈNE III.

Les Mêmes, AUGUSTE.

AUGUSTE, *essoufflé.*

Grande nouvelle ! grande... Ouf ! je ne puis plus parler... les six étages... ça coupe la respiration.

MAD. BOURDIN.

Qu'est-ce qu'il y a donc ?

AUGUSTE.

Oh ! mam'zelle Manette !

MANETTE.

Je ne m'appelle plus Manette.   (*Elle fait une roulade.*)

AUGUSTE, *encore essoufflé.*

Ça ne fait rien. Vous ne savez pas... (*Manette continue son air.*) mon oncle consent à notre mariage.

MANETTE.

Bah ! vraiment, mon pauvre Auguste

> (*Elle fait des roulades.*)

AUGUSTE.

Oui, j'ai fait des phrases, j'ai pleuré, ma tante a pleuré, tout le monde a pleuré... Enfin, mon oncle m'a dit : prends un fiacre à l'heure..... va la chercher, que je serre dans mes bras, madame Laribaud jeune.

MAD. BOURDIN.

Mais tais-toi donc, tu l'empêches de chanter.

BELAMY.

Un fiacre à l'heure ? très-bien jeune homme, c'est une attention délicate et nous allons en profiter.

MAD. BOURDIN.

Moi, je veux aller avec vous... je veux assister au triomphe d'mon enfant... mais soyez tranquille, je me tiendrai dans un coin, je ne la compromettrai pas.

AUGUSTE.

Oh ! vous pouvez venir avec nous, mère Bourdin... n'ayez pas peur, mon oncle n'est pas fier.

SCÈNE IV.

Les Mêmes, URSULE.

MAD. BOURDIN.

Tiens, c'est Ursule.

URSULE.

Bonjour, maman, bonjour, ma sœur.

MAD. BOURDIN.

Mais par quel hasard à c't'heure-ci, il y a déjà huit jours qu'on ne vous avait vue ?

URSULE.

C'est que papa me défend.... mais comme je passais dans le quartier pour porter de l'ouvrage, je n'ai pu m'empêcher de monter pour vous voir et vous embrasser.

AUGUSTE.

Ah ! c'est b'en aimable à vous, mam'zelle Ursule.

(Pendant ce qui suit, madame Bourdin décroche le schall qui est à la fenêtre et tire un vieux chapeau d'une armoire.)

URSULE, *apercevant Auguste qui cause avec Belamy.*

Ah ! c'est monsieur Auguste.　　　　*(Elle paraît troublée.)*

MANETTE.

Et la couture, comment ça va-t-il ?

URSULE.

Je n'ai pas à me plaindre, maintenant je travaille pour mon compte... j'ai déjà mis de côté pour m'acheter des meubles, et tous les dimanches je place à la caisse d'épargnes.

AUGUSTE.

C'est très-bien ça... elle finira par faire sa pelotte, la couturière.

MAD. BOURDIN, *en mettant son schall.*

La caisse d'épargnes... pauvre enfant !.. où c'que ça la mèn'ra, je vous le demande ?... Nous, ma chère, c'est un autre genre.... *(Elle se rengorge.)* nous débutons ce soir même.

AUGUSTE.

Vraiment, mère Bourdin, vous débutez ce soir... Ah ! je n'aurais jamais cru ça.

URSULE.

Comment ? et je n'en ai rien su...

MAD. BOURDIN.

Pardine ! ne fallait-il pas qu'on vous l'écrivisse chez vot' père? Il en aurait rougi de honte... oui, ma chère, ma fille débute aujourd'hui... c'est un sort... nous v'là casées... et grâce au ciel, maintenant nous avons d'quoi... nous n'avons pas besoin d'économiser... Ah! Ursule, je savais bien que j'avais quelque chose à te d'mander *(à mi-voix)* Puisque tu viens d'cheux un' pratique..

tu n'aurais pas sur toi quelque argent à me prêter... j'en ai besoin pour compléter un' somme...

AUGUSTE.

Oui, mam'zelle Ursule, votr' maman a besoin de trente francs pour compléter un' somme de dix écus.

URSULE.

Tenez, maman, voilà tout ce que j'ai sur moi.

MAD. BOURDIN.

Sept livres dix sous... elle est comme son père, celle-là, elle ne donne pas ses coquilles... enfin, c'est égal.

BELAMY.

Nous voilà prêts.

AUGUSTE.

Eh bien ! où allez-vous donc ?

BELAMY.

D'abord, passer chez la couturière, et puis...

MANETTE.

Chanter au concert.

AUGUSTE.

Bah ! bah !... c'est inutile... mon oncle ne tient pas à c'que vous soyez chanteuse... au contraire... et il vous attend.

MANETTE.

S'il veut me voir qu'il vienne chez monsieur Pape.

AUGUSTE.

Mais not' mariage ?...

MAD. BOURDIN.

Il ne s'agit pas de cela. Me v'là prête aussi.. partons, partons.

MANETTE.

Adieu, Auguste, adieu, Ursule... A propos, ma sœur, ne viens donc plus comme ça en bonnet... c'est grisette, c'est mauvais genre.

BELAMY.

Allons, en route.

AIR : *Clic, clac.*

Partons, partons... l'heure nous appelle,
On applaudira
A votre méthode nouvelle ;
Partons, partons... l'heure nous appelle...
Dans ce concert-là,
Le succès vous couronnera.

MAD. BOURDIN, *à Ursule.*
Pour tout savoir, ici, demeure
Et garde un instant la maison.

BELAMY, *à Manette, en lui montrant Auguste.*
Nous reviendrons avant une heure
Pour lui faire entendre raison.

ENSEMBLE.

AUGUSTE.

Partez ! partez... adieu donc, mam'zelle...
Ell' me laisse là !
C'est joliment payer mon zèle !...
Partez ! partez... adieu donc, mam'zelle !
On s'repentira
De me traiter comme cela.

URSULE.

Partez ! partez .. si l'heure vous appelle...
Ah ! mon pèr' sera
Bien fâché de cette nouvelle
Partez ! partez.. l'heure vous appelle
Quoi ! ma sœur os'ra
Chanter devant tout ce monde-là !

LES AUTRES.

Partons, partons... l'heure nous appelle...
on applaudira
A { notre / votre } méthode nouvelle ;
Partons, partons... l'heure nous appelle ;
Dans ce concert-là
Le succès { vous / me / te } couronnera.

(Ils sortent tous trois.)

SCÈNE V.

AUGUSTE, URSULE.

AUGUSTE.

Eh bien ! elle me plante là, sans me dire un mot. En v'là une sévère !. j'arrive et elle s'en va, je lui parle de mon mariage, elle me parle, est-ce que je sais... du pape... Et votre bonnet... *(Imitant Manette.)* c'est mauvais genre, c'est grisette... D'quoi donc qu'all' a l'air avec sa frisure à l'ébouriffée et ses boucles d'oreille en straz... Et madame Bourdin, avec son p'tit chapeau à l'anglaise, qu'on dirait d'une marchande d'chapeaux à vendre.

(On entend rouler une voiture.)

URSULE, *regardant par la fenêtre.*

Les voilà qui partent.

AUGUSTE.

Dans ma voiture... et moi qu'avais payé l'cocher d'avance... *(Jetant sa casquette à terre et se mettant sur une chaise.)* Faut-il avoir du guignon !

URSULE.

Pourquoi vous chagriner, monsieur Auguste ? ma sœur vous aime, j'en suis sûre, et, tôt ou tard, elle reviendra à vous.

AUGUSTE.

Tôt ou tard... comme c'est flatteur !... moi qui étais v'nu ici

pour lui dire : Manette , maintenant il n'y a plus d'obstacle....
je viens vous offrir ma main, mon nom, mon rang. ...savez-vous
ce qu'ell'me répond ? (*Imitant Manette.*) Ah! ah ! a, a, a, a... je
lui dis qu'elle n'a plus besoin d'état , que je lui offre une place
dans mon cœur et dans l'comptoir de mon oncle... qu'est-ce
qu'ell' me répond encore... (*Cadence à l'imitation de Manette.*)
J'vous d'mande un peu si c'est des raisons?

URSULE.

Vous oublierez tout ça, monsieur Auguste; quand on aime bien
on pardonne si aisément.

AUGUSTE.

Je sais qu'on est bête quand on aime ; mais, mamzelle Ursule,
que ça vous serve d'exemple... Vous pouvez trouver un mari
qui vous convienne , rendez-le b'en heureux... soyez heureuse
vous-même... que votre sœur en suffoque de dépit, et je serai
content.   (*Il s'essuie les yeux.*)

AIR : *T'en souviens-tu ?*

Avec vot' cœur, vot' gentille tournure,
Avec vos yeux... ce p'tit air innocent,
En fait d'maris, mamzell' Ursule, je l'jure,
Certe au lieu d'un vous en trouverez cent.

URSULE.

Quand on est femm' peut-on choisir soi-même
Celui qu' not' cœur nomme tout bas...
Et trop souvent, hélas! celui qu'on aime
Est justement celui qui n'nous aim' pas.

AUGUSTE, *prenant la main d'Ursule qui semble vouloir s'éloigner.*

Eh bien ! on dirait qu'votr' main est tremblante... que vous
rougissez ?.....

URSULE.

Non, monsieur Auguste , je ne crois pas... mais, je vous en
prie, n'en voulez plus à ma sœur.

AUGUSTE.

Non , non , c'est plus ça maintenant. Si elle croit me tenir ,
elle se trompe... aussi, je n'reste pas un instant de plus... parce
que si elle me retrouvait ici , ell' croirait que j'y suis resté par
amour... je m'en vas... (*Il fait un mouvement pour sortir.*) Mais
non , non , je n'm'en vas pas... elle croirait que je m'suis en allé
par dépit. (*Il reste et s'assied.*)

URSULE.

Oui, attendez son retour... et peut-être...

AUGUSTE, *se levant subitement*

Non ! c'est pas encore ça... il m'vient une autre idée... Manette m'a humilié, ell' vous a traitée comme un' je n'sais quoi...
enfin nous sommes vexés tous les deux, il faut la vexer à son
tour et nous réunir dans la même vengeance... marions-nous.

URSULE.

Comment ! que dites-vous ?

AUGUSTE.

Je vous dis, marions-nous... je vous offre tout ce que j'offrais à la perfide... voulez-vous d'moi ?... parlez, demain vous serez tapissière.

Air : *De l'aimable Thémire.*

C'en est fait, je l'oublie,
Pour vous seul' j'ai d' l'amour...
Il faut qu'ça l'humilie
Et qu'ell' pleure à son tour !...
Formons une alliance.
Que l'cœur qui m'a trahi...
Par not' double vengeance
Soit le premier puni !

URSULE.

Même Air.

Le dépit vous entraine ;
Pour la punir, je croi...
Vous vous feriez d'la peine,
Ne songez plus à moi !
Fuir cell' qui vous est chère,
S'rait un tort, car celui
Qui s'veng' de cett' manière
Est le premier puni !...

Mais j'entends du bruit dans l'escalier. Si c'était elle... de grâce, M. Auguste, renoncez à votre projet.

AUGUSTE.

Suffit ! suffit ! les tapissiers ont du caractère... quand ils frappent, ils frappent ferme.

SCÈNE VI.

Les Mêmes, Mad. BOURDIN, MANETTE, BELAMY, Elèves du Conservatoire.

CHOEUR.

Air : *D'une Contredanse.*

La débutante
Est triomphante !
Sa voix charmante
A comblé notre attente.
La débutante
Est triomphante !
Ah ! quel plaisir
De s'entendre applaudir !

MANETTE.

Quelle victoire !

Pouvais-je croire
A tant de gloire
En ce beau jour?...
Bientôt sans peine,
Sur notre scène
Où l'art m'entraîne
J'aurai mon tour !

CHŒUR.

La débutante, etc.

MAD. BOURDIN.

Succès complet !

BELAMY.

Succès d'enthousiasme ! (*A mi-voix à Manette.*) Maintenant, vous voilà sur les ailes de la gloire, vous n'avez plus qu'à vous laisser enlever... J'ai vu le directeur de l'Opéra, il était ravi... il doit vous écrire.

MANETTE.

Quel bonheur ! Dites donc, maman, dès demain j'achèterai un boa, un cachemire à crédit... plus tard, je paierai tout ça avec des roulades.

MAD. BOURDIN.

Sans doute... et moi, je me ferai faire une toque avec des panaches.

AUGUSTE.

Elle sera jolie comme ça.

BELAMY.

Silence, j'aperçois la livrée de l'Académie royale de musique, sans doute un engagement... ne concluez pas à moins de dix mille francs.

MAD. BOURDIN.

Dix mille francs !... il nous en faut trente ! et des feux... je m'y connais... c'est l'prix... c'est c'que ça vaut.

MANETTE, *à qui le domestique a remis une lettre.*

Lisez... ah ! comme le cœur me bat.

(*Elle donne la lettre à Belamy.*)

BELAMY, *lisant la lettre.*

« Administration de l'Académie royale... » Que vois-je ?.. une place dans les chœurs !

TOUS.

Dans les chœurs !

MANETTE.

Quel affront !

MAD. BOURDIN, *lisant.*

« Et l'année prochaine, vous passerez coryphée. »

MANETTE.

Le plus souvent que j'accepterai cela.

MAD. BOURDIN.

Coryphée ! nous r'noncerions plutôt à la gloire.... aux beaux arts... Coryphée... Dites donc, monsieur Belamy, qu'est-ce que ça veut dire, coryphée ?

BELAMY.

Bah ! ne nous affligeons pas.... la gloire et l'argent sont de tous les pays. Je suis nommé maître de chapelle à Milan, osez m'y suivre, et je vous promets qu'avant peu... un succès brillant.

MANETTE.

Eh bien ! j'y consens ; quittons ce pays où l'intrigue, la cabale, l'injustice...

AUGUSTE.

Ainsi, vous nous quittez ?

MANETTE.

Il le faut.

FINAL.

Fragment du *Hussard de Felsheim.*

De son destin, Auguste, on n'est pas maître,
Pour l'étranger, demain je partirai...
Mais le malheur peut nous suivre, et peut-être..
Je reviendrai...
Et je t'épouserai.

AUGUSTE.
Mamzell', merci d'la préférence,
Mais j'ai pris mon parti d'avance...

MANETTE.
Qu'voulez-vous dire? expliquez-vous...

AUGUSTE.
Y n'doit plus rien exister entre nous.

URSULE.
Quoi! nous quitter... puis-je le croire!

MAD. BOURDIN.
Faut s'résigner quand il s'agit de gloire.

BELAMY.
Allons, allons, il faut partir...

TOUS.
Allons, allons, il faut partir...

AUGUSTE.
Eh ben ! n'hésitons plus et laissons-les partir

TOUS.
Plus d'faiblesse,
Plus d'tendresse,
Pour toujours { elle va me } fuir.
           { il faut vous }

AUGUSTE ET URSULE.

ENSEMBLE.
Partons, partons! mais, je le pense,
Ses projets de r'grets seront suivis...
Un jour ell' regrettera la France
Et le bonheur qu'elle avait à Paris.

BELAMY, MANETTE, MAD. BOURDIN.

Partons, partons ! bientôt, je pense,

De $\left\{\begin{array}{l}\text{nos}\\\text{vos}\\\text{mes}\end{array}\right\}$ succès chacun sera surpris,

ENSEMBLE.

$\left.\begin{array}{l}\text{Je reviendrai}\\\text{Nous reviendrons}\end{array}\right\}$ bientôt en France,

Car la gloire n'est qu'à Paris.

ÉLÈVES.

Partez, partez ! bientôt, je pense,
De vos succès chacun sera surpris...
Mais revenez dans notre France,
Car la gloire n'est qu'à Paris.

FIN DU DEUXIÈME ACTE.

4

 Acte Troisième.

(Le Théâtre représente un salon ouvert sur un parc. Au lever du rideau, Bourdin et Auguste sont occupés à arranger des tentures.)

SCÈNE PREMIÈRE.

BOURDIN, AUGUSTE.

AUGUSTE.

Très-bien, papa beau-père, on dirait que vous avez été tapissier toute votre vie.

BOURDIN.

Ah ! tant que tu auras à travailler dans la banlieue, je suis ton homme... j'aime la banlieue, moi.

AUGUSTE.

Parc'que le vin y est à bon marché.

BOURDIN.

Non, mais parc'que l'grand air...

AUGUSTE.

Donne de l'appétit... et que vous n'mangez pas sans boire... j'entends... enfin suffit... je vous remercie.

BOURDIN.

Oh! de rien, tout homme doit aide et secours à son semblable, à plus forte raison à son gendre... et chaque fois que tu auras besoin de moi et d'mon marteau pour planter tes clous... Mais à propos, sais-tu que c'est beau ici.. Chez qui qu'nous sommes donc ?

AUGUSTE.

Oh ! dam ! chez une italienne... la signora Bordini, qui n'est en France que d'puis queuqu's jours.

BOURDIN.

On s'en aperçoit... ell' n'connaît pas encore les usages... car ell' nous a pas fait offrir des rafraîchissemens...Qu'est-c' qu'all' fait ?

AUGUSTE.

Je l'ignore.

BOURDIN.

Est-elle jeune ?

AUGUSTE.

Je n'en sais rien... tout c'qu'on m'a dit, c'est que c'est une virtuose... vous dire c'que c'est que ça... pas possible.

BOURDIN.

Air : *De sommeiller encore, ma chère.*

Je l'ignore aussi, mais j'suppose
Qu' d'après les usages reçus,
Chez nous on nomme un' virtuose
Un' femm' qu'a beaucoup de vertus !

AUGUSTE.

On dit qu'ell' gagn', chose bisarre !
Cinquante mill' francs tous les ans !

BOURDIN.

Faut donc qu'la vertu soit ben rare
Pour toucher d'si gros appointemens !

AUGUSTE.

Oh ! j'suis ben tranquille, ça paiera bien... Mamzell' Julie, la femme de chambre, qu'est une amie d'ma femme, me l'a dit.

BOURDIN.

Et ça t'a suffi, mon gendre ?... compter sur la parole d'un' femme, c'est tenir un lézard par la queue, vois-tu.

AUGUSTE.

Vous v'là dans les lézards à présent, que c'est bête... queu rapport ça a-t-il ?

BOURDIN.

Suffit, prépare toujours ton mémoire ; mais, à propos, ta femme ne va-t-elle pas aussi être la couturière de cette signora ?

AUGUSTE.

Pardine ! puisque c'est pour ça que je l'ai amenée à Sceaux avec nous... nous n'y étions pas v'nus depuis notr' mariage, il y a deux ans.

BOURDIN.

T'as ben fait d'amener Ursule avec toi... un mari z'et une femme, ça doit toujours être les deux doigts de la main, l'arbre et l'écorce, l'époux et l'épouse...

AUGUSTE.

Les deux doigts d'la main... alors vous avez donc un doigt de moins... car enfin, la mère Bourdin.

BOURDIN.

C'est différent... ma femme est une... mais *motus* ! l'homme doit toujours respect à la mère d'ses enfans.

AUGUSTE.

Ah ! pour c'qu'est d'ça, père Bourdin, j'peux ben dire que je respecte la mère d'mes enfans.... d'abord, de ce côté, j'peux mé vanter d'avoir trouvé la poule aux œufs d'or.... Ursule est si bonne, si laborieuse!... Mais c'est drôle ça, père Bourdin, vous n'croiriez pas quand je l'ai épousée j'y ai dit que je l'aimais...Eh ben, ça n'était pas tout à fait vrai... parce que, voyez-vous, on n'peut pas en épouser deux à la fois ; mais d'puis que je suis marié, c'est pus ça... j'aime ma femme, que j'n'en ferme pas l'œil de la nuit.... Tiens, mais v'là mamzelle Julie.

BOURDIN.

Elle nous apporte peut-être à boire.

SCÈNE II.

LES MÊMES, JULIE.

JULIE.

Eh bien, tout est-il terminé ?... Déjà les voitures arrivent et le concert ne tardera pas... Avez-vous besoin de quelque chose ?

BOURDIN.

Mais mamzell', vous êtes bien bonne...

JULIE.

Je vous apporte des clous.

BOURDIN, à part.

Joli rafraîchissement..Ah! qu'est-ce que c'est que c'te maison-là?

AUGUSTE.

C'est bientôt fini...Vous voyez que nous n'avons pas lambiné.

JULIE.

Très-bien, madame sera contente... Mais vous devez être fatigués.... il fait si chaud.

BOURDIN.

Oui, le fait est qu'il fait soif... la température est à l'altération.

JULIE.

Vous avez raison.

BOURDIN, à part.

Elle ne comprend pas, elle n'entend pas... ah ! qu'il y a donc des gens bornés dessous cet hémisphère...

JULIE, à Auguste.

Et votre femme, est-elle prête ?

AUGUSTE.

Elle finit la garniture de la robe... Elle va l'apporter.

JULIE.

Qu'elle se hâte... madame l'attend.

BOURDIN.

Je cours l'avertir, ça me rafraîchira.

AUGUSTE.

Je vais avec vous, papa beau-père.

BOURDIN.

C'est ça nous mang'rons un morceau à la *Rose d'amour*... il y a du bon vin... d'la piquette... ça gratte, mais ça fait plaisir.

AUGUSTE.

Adieu, mamzelle Julie.

(Il sort avec Bourdin.)

SCÈNE III.

JULIE, puis **MANETTE** et **BELAMY**, *costume paré.*

JULIE.

Voilà encore des voitures qui arrivent, que de monde... quelle réunion brillante... ah ! quand donc ce sera-t-il mon tour... Mais on vient, silence.

MANETTE.

Eh bien, et le baron ?

BELAMY.

Je l'ai vu hier... toujours plus enchanté.... Il ne peut tarder à arriver.

MANETTE, *riant.*

Ah ! ah ! ce pauvre baron.

BELAMY.

Soyez tranquille, avec votre voix nous lui ferons faire tout ce que nous voudrons.

MANETTE.

Oui, il fera l'impossible !... il en perdra l'esprit. En attendant, j'ai toujours à ma disposition son équipage et son enthousiasme dans toutes les cours d'Italie ; quand je donnais un concert, quand je chantais à la chapelle, il était toujours là à me contempler... à m'admirer, et avec une figure si singulière ! (*riant.*) Ah ! ah ! ah ! ce pauvre baron !...

AIR : *De trois jours en une heure* (M. Adam).

> Partout il veut me suivre
> Tant ma voix le séduit...
> Un point d'orgue l'enivre,
> Un soupir, un soupir le ravit...
> De Naple à Florence
> Je l'ai fait courir !
> S'il voyage en France
> C'est pour m'applaudir !
>
> Une femme,
> Sur son âme,
> N'a de droits
> Que par la voix...
> Une cadence,
> Une romance!

C'est le piège auquel il se prend ;
Il est à moi quand il entend
Ah ! ah ! ah ! ah ! ah ! ah ! etc.

2ᵉ COUPLET.

Je veux être baronne,
C'est un titre bien doux...
Alors mieux que personne
Je saurai gouverner mon époux...
Dans notre ménage,
Si par lui jamais
Survient un orage
Pour avoir la paix...

Je suis femme,
Sur mon âme,
Par ma voix
J'aurai des droits !
Une cadence,
Une romance
Le charmera...
Il cédera
En entendant ce refrain-là :
Ah ! ah ! ah ! ah ! ah ! ah ! etc.

BELAMY.

Mais, à propos, j'oubliais de vous dire que notre cher baron, hier, m'a adressé plusieurs questions sur votre naissance... sur votre famille...

MANETTE.

Vraiment ?

BELAMY.

Oui, il paraît tenir à ce que la famille soit présentable...mais, soyez tranquille, j'ai parlé en conséquence.

SCÈNE IV.

Les Mêmes, Mad. BOURDIN, *ridiculement parée.*

MAD. BOURDIN, *en entrant, à la cantonnade.*
Antoine ! Lapierre ! Saint-Jean !

BELAMY.

Bon ! voici madame Bourdin qui justement se donne de grands airs.

MAD. BOURDIN.

Ah ! te voilà, ma fille ? Dieu !... que ces femmes de chambre sont insupportables !... une heure à ma toilette, moi qui dans ma jeunesse n'y mettais pas cinq minutes. Il fallait cependant bien que je mette cet habillement modeste pour aller recevoir toutes les personnes qui forment déjà cercle dans le salon... Cependant je m'suis z'hâtée...

MANETTE.

Mais, maman, je vous ai déjà dit qu'on prononçait : je me suis hâtée.

MAD. BOURDIN.

Tu crois que l'h est aspirée ?... c'est possible. ..

BELAMY, *bas à Manette.*

Heureusement le baron est Italien.

MAD. BOURDIN.

Mais il ne s'agit pas de cela. Je venais t'avertir que monsieur le marquis de Joinvilliers te fait offrir cent louis si tu veux chanter ce soir chez lui.

MANETTE, *avec fierté.*

Je chante chez moi.

MAD. BOURDIN, *aux laquais qui sont au fond.*

Allez dire à l'envoyé du marquis que nous chantons chez nous.

(*Un laquais sort.*)

MANETTE.

Mais, ma mère, vous ne me parlez pas de ce qui m'intéresse le plus...

MAD. BOURDIN.

Le baron? Il est ici... tout va pour le mieux.

MANETTE.

Et ma toilette de bal qui n'est pas encore arrivée.

UN LAQUAIS, *annonçant.*

Monsieur le baron de Foscaro.

SCÈNE V.

LES MÊMES, LE BARON.

LE BARON, *s'inclinant.*

Salout à la plous sédouisante de toutes les cantatrices passées, présentes et foutoures... la santé est sans doute aussi belle que la voix ?

MAD. BOURDIN, *avec importance.*

Vous êtes ben honnête... ça va-t-assez bien... et vous ?

MANETTE.

Enfin, vous voilà, mon petit baron, nous vous attendions avec une impatience... quand vous n'êtes pas là, mon cœur n'est pas tranquille. (*chantant.*) Di tanti palpiti.

LE BARON, *riant.*

Ah!... ah !... ah !... vous êtes un pétit serpent , oune pétité syrène... voustre esprit, il m'enchante, et votre voix elle me porte à l'âme... elle m'attaque les nerfs... quand zé vous vois, quand zé vous entends , j'en souis comme une bestia.

MAD. BOURDIN.

Une bestia!... ah! qu'il est aimable !

LE BARON.

A propos , z'ai amené dans ma voitoure cette petite cantéuse des Bouffes, vi savez? Elle figourera dans vostre concert... dam ! c'est zeune, ça n'a pas vostre méthoude... mais on pourrait former céla.

MAD. BOURDIN.

Si nous parlions d'là noce, à c't'heure ?

LE BARON.

C'est lé piou cer dé tous mes désirs... ah ça , vi me l'avez assouré... la belle Lindamina elle était d'oune famille...

MAD. BOURDIN.

Très-grande famille... du côté de son père , surtout.... très-grande famille... ils étaient quatorze enfans.

MANETTE , *bas à madame Bourdin.*

Maman... (*au Baron*) Mon père était simplement artiste.

LE BARON.

Très-bien , et dans quel genre ?

MAD. BOURDIN.

Oh! dans le grand genre... c'était un peintre.

LE BARON.

Z'y souis... il faisait de l'histoire....

MAD. BOURDIN.

Mon mari en faisait de toutes sortes, à la journée... à la toise... il n'y regardait pas.

MANETTE.

Au fait... c'était un des plus forts pinceaux de son quartier.... demandez à monsieur Belamy·

BELAMY.

Oui , pour la peinture architecturale... celle des monumens.

LE BARON.

Enfin , il était bien placé sour l'échelle souciale ?

MAD. BOURDIN.

J'crois ben... n'y avait personne de mieux que lui sur l'échelle...

MANETTE.

Dieu ! maman , que vous êtes ennuyeuse !

MAD. BOURDIN.

Demandez à monsieur Belamy.

BELAMY.

Sans doute, il y tenait son rang.

MANETTE.

Soyez tranquille, monsieur le baron, cette uuion sera con-
venable.

AIR : *Du Cabaret.*

Vous aurez pour vous la noblesse,
La splendeur de vos écussons...
Mais j'aurai pour moi la jeunesse
Et ma méthode et mes chansons...
Oui, dans cette heureuse alliance
Nous pourrons briller à la fois,
Vous, par l'éclat de la naissance,
Et moi, par l'éclat de ma voix!..

LE BARON.

Allons, allons, belle Lindamina... dans houit zours, vi serez
la baronne de Foscaro.　　(*Il lui baise la main.*)

MAD. BOURDIN, *à part.*

Baronne de Cascaro !... Son père en mourra de dépit... il n'y
a pas de mal... Baronne de Cascaro...

BELAMY, *bas à madame Bourdin.*

Foscaro.

MAD. BOURDIN, *bas à Belamy.*

Ah ! je disais aussi... Cascaro... pour la fille d'un vitrier.

SCÈNE VI.

LES MÊMES, JULIE, puis URSULE.

JULIE.

Madame, la couturière vient d'arriver.

MANETTE.

C'est bien heureux, depuis ce matin que je l'attends...Vous
permettez, baron ?

LE BARON.

Ze souis à vos ordres, belle enchanteresse.

(*Il donne le bras à Belamy qui l'éloigne un peu.*)

URSULE, *qui vient d'entrer ; elle va pour ouvrir son carton.*

Me voilà prête, madame... Que vois-je ? Manette !

MANETTE.

Comment?... c'est toi, Ursule?

MAD. BOURDIN, *s'approchant à ce cri*

Eh bien! qu'est-ce que c'est?... (*la reconnaissant, à part.*) Ciel!... ma fille !

URSULE.

Je vous retrouve aussi... Ah ! quel plaisir !... depuis le temps que nous ne nous étions revues.

MAD. BOURDIN.

Sans doute... Ursule... que nous sommes sensibles aussi... (*à part.*) Et le baron... et son mariage... couturière, la fille d'un grand peintre.

MANETTE, *à part.*

Quelle invraisemblance !

URSULE.

Comment, cette grande dame dont on m'avait tant vanté les richesses et le talent, c'est toi, ma sœur?

LE BARON, *revenant.*

Hein ! plaît-il?

MAD. BOURDIN, *bas au baron.*

Ah! oui .. oui.. sa sœur de lait... c'est un enfant d'adoption... que nous avons élevé comme ça dans le temps. Tenez, demandez à monsieur Belamy. (*Haut.*) Mais pardon , je crois que nous gênons ma fille... laissons-là avec cette petite, et allons rejoindre la société.

MANETTE, *au baron.*

AIR : *Si ça t'arrive encore.*

Il faut que je plaise aujourd'hui,
Permettez que je me prépare...
Vous devez m'excuser ici,
Car c'est pour vous que je me pare...
Bientôt vous entendrez ma voix,
Ma robe fera des merveilles...
Car je veux vous prendre à la fois
Par les yeux et par les oreilles.

LE BARON.

Ah ! belle enchanteresse ! mon cœur, mes yeux et mes oreilles... ze dépose tout à vos pieds.

(*Il offre la main à madame Bourdin et sort avec elle. Belamy les suit.*)

SCÈNE VII.

MANETTE, URSULE.

URSULE.

Comment, c'est ainsi que maman me reçoit...

MANETTE.

Ne fais donc pas attention à ça... Réponds, dis-moi vite ce
que tu fais maintenant... es-tu heureuse?

URSULE.

Je n'ai pas à me plaindre du sort... j'ai placé mon argent en
rentes sur l'état... je n'en touche pas les intérêts, et j'augmente
sans cesse mon petit revenu... Aussi, j'espère bientôt me retirer
à la campagne...

MANETTE.

Tu as raison... la campagne! oh! la campagne! les poules, les
pigeons... tout ça a bien son mérite... et puis le plaisir d'amasser.
(*riant.*) Cette pauvre Ursule; moi, ma petite... je ne peux pas
garder d'argent chez moi... Avec ma voix, j'en gagne tant que je
veux... et je le dépense tant que je peux... Je suis pour la magni-
ficence... je trouve ça gentil d'avoir des courtisans, des adorateurs comme une princesse... Toi, tu fais des robes, des guim-
pes, des canezous. Moi, je fais l'admiration de la plus haute société. Que veux-tu, chacun fait ce qu'il peut.

URSULE.

Oui, mais tu vieilliras un jour, et tu regretteras peut-être de
ne pas avoir pensé à l'avenir.

MANETTE.

Tiens, tu fais d'la morale... Au fait, tu as peut-être raison...
mais, vois-tu, la raison n'est plus guère de mode. L'essentiel est
de faire beaucoup de bruit dans le monde... Une existence, une
réputation se font à présent comme une ouverture de Rossini...
à grand orchestre... ce n'est pas le tout de chanter juste, il faut
chanter fort... Ah! mon dieu, j'entends ces dames... elles viennent de ce côté... Dis donc, Ursule, ma garniture est très-bien,
merci, j'irai te voir... Tiens, tu trouveras là, derrière la char-
mille, une allée qui te conduira à la petite porte du jardinier,
personne ne pourra t'apercevoir.

URSULE.

Crains-tu donc qu'on ne me voie avec toi ?

MANETTE.

Moi? par exemple! je suis fière au contraire d'avoir... Ah!
mon dieu! voilà ces dames... Adieu, Ursule, adieu!... je t'en
prie....

URSULE.

Eh quoi!.. vous me chassez ?

MANETTE.

Non... mais quand on a du monde...

URSULE.

Eh bien, oui... je sors... car si l'on nous surprenait ensemble... c'est moi maintenant qui aurais à rougir de vous... adieu
pour toujours.   (*Elle sort.*)

MANETTE, *la rappelant.*

Ursule ! Ursule !... Ah ! tu fais la fière.... Eh bien ! comme tu voudras.

SCÈNE VIII.

MANETTE, Dames invitées, puis BELAMY.

CHŒUR.

Air de *Robin des Bois.*

Nous venons vous chercher jusqu'ici,
Le concert commence,
Par votre présence,
Il doit être embelli...

MANETTE, *saluant.*

A moi, tant d'honneur !
Ah !... c'est trop flatteur...
(*à part*) Je serai donc baronne,
Mais plus de frayeur
Car je vois ma sœur
Sortir sans parler à personne !

CHŒUR.

Nous venons vous chercher jusqu'ici, etc.

BELAMY, *entrant.*

Mais, arrivez donc, charmante Lindamine, vous êtes attendue avec une impatience par toute l'assemblée....

MANETTE.

J'y vais.

BELAMY, *à voix basse.*

Hâtez-vous, car la petite cantatrice des Bouffes a fait des miracles... elle a chanté avec une facilité...

MANETTE.

Vraiment ?

BELAMY.

Mais une méthode détestable.... Pourtant le baron est dans l'extâse....

MANETTE.

Comment, le baron ?

BELAMY.

Air : *Je loge au quatrième étage.*

D'abord, il a prêté l'oreille
Tant les accords lui semblaient doux,
Ensuite il a crié : merveille !
Mais n'importe, rassurez-vous... (*bis*)
Si d'une autre les chants maussades
L'ont fait trouver mal de plaisir,

Ah! qu'il entende vos roulades,
Il est capable d'en mourir!

Venez, ne perdons pas un instant.   (*Ils vont pour sortir.*)

SCÈNE IX.

Les Mêmes, BOURDIN, JULIE, AUGUSTE.

BOURDIN, *en dehors.*
Je veux entrer… j'entrerai, corbleu!

AUGUSTE, *idem.*
Oui, oui, nous entrerons!…

MANETTE.
Qui vient ici? quel son de voix?

BOURDIN, *entre et s'adressant aux valets qui s'y opposent.*
Au diable, la valetaille!… Ah! vous v'là, madame ma fille!

MANETTE, *à part.*
Mon père!

BELAMY.
Eh! c'est le papa Bourdin.

(*Il s'approche pour lui serrer la main.*)
AUGUSTE, *le repoussant.*
On ne vous parle pas, à vous.

BOURDIN, *à Manette.*
Vous avez osé chasser votr' sœur, tant mieux pour elle et je
ne viens ici que pour vous défendre d'jamais lui adresser la parole.

AUGUSTE.
Et moi, comme je ne remettrai pas les pieds ici, après ce qu'on
a fait à ma femme….

MANETTE.
Sa femme!

BELAMY.
Comment, monsieur Laribaud!

AUGUSTE.
Oui, Ursule est ma femme… et je l'aime comme moi-même.
Mais c'est pas d'quoi il s'agit; voici mon mémoire : payez… et
bonsoir….

MANETTE.
Julie… portez ce mémoire à ma mère, et qu'elle paie sur-le-
champ.   (*Julie sort ainsi que Belamy.*)
BOURDIN.
Bien, mon gendre…. l'honnête artisan vit de son labeur… et
si la fille coupable ne le paie pas en r'connaissance, du moins,
elle ne peut se dispenser de solder son mémoire.

SCÈNE X.

LES MÊMES, MAD. BOURDIN, JULIE.

MAD. BOURDIN, *au-dehors.*

C'est bon, c'est bon... je vais les recevoir... (*En entrant.*)
Quelle est cette canaille-là?... Dieu, c'est mon mari !

BOURDIN.

Oui, c'est moi, madame Bourdin.

AUGUSTE, *élevant la voix.*

Oui, cette canaille-là... c'est votre mari et votr' gendre...

MAD. BOURDIN.

Ne criez pas si haut.... nous avons compagnie?...

(*La société entre.*)

MANETTE.

Les voilà tous... nous sommes perdus.

BOURDIN.

Je veux crier, madame Bourdin, ma fille..... Ma femme,
je vous présente notre gendre Laribaud, tapissier de son état...
et moi, Chrisostôme Bourdin, vitrier-colleur, sans ouvrage.

FINAL.

AIR : Fragment du Final du deuxième acte de *M. Botte.*

TOUS.

O ciel !
Quoi ! c'est son mari, c'est son gendre !
Qui l'aurait jamais pu prévoir !

MANETTE, *à part.*

Si le baron allait l'entendre !
D'être à lui, je perdrais l'espoir...

CHOEUR.

Non, plus d'espoir !

BOURDIN, *à Manette.*

Oui, madame l'Italienne,
Malgré votr' luxe et votr' éclat,
J'sis vot' pèr', qu'il vous en souvienne,
Bourdin, vitrier d'son état !

CHOEUR.

Taisez-vous, monsieur l'vitrier,
Il ne faut pas ainsi crier.

BOURDIN ET AUGUSTE.

Oui, messieurs, je suis { vitrier
                          { tapissier
Et tout haut je veux le crier !

MAD. BOURDIN, *à part.*

Grand Dieu ! quelle honte est la mienne,
Avoir un époux ouvrier.

SCÈNE XI.

LES MÊMES, BELAMY.

BELAMY, *entrant.*

Le baron sait tout... et tout à l'heure, il est parti dans sa ca-
lèche avec la petite cantatrice.

MANETTE, *tombant dans un fauteuil.*

Il est parti !

MAD. BOURDIN.

Rassure-toi, ma fille, ta voix te reste...

CHŒUR.

Ah ! cette aventure est incroyable !
Lorsque l'on vit dans la grandeur,
Retrouver un père semblable ;
Ah ! c'est avoir bien du malheur !
C'est vraiment grand dommage,
Recevez notre hommage...
Partons !... sortons !...

(*On sort en tumulte. Manette se jette dans les bras de sa mère.*)

FIN DU TROISIÈME ACTE.

Acte Quatrième.

(Le Théâtre représente le devant d'une maisonnette donnant sur la route,
à gauche, un corps de logis et un petit berceau en treillis ; à droite, l'entrée d'une ferme.)

SCÈNE PREMIÈRE.

URSULE, CHARLOT, Garçons de Ferme, Paysans.

*(Ursule est devant une table, occupée à compter de l'argent que lui ap-
portent des paysans, Charlot est près de sa mère, mangeant une tar-
tine de confitures ; les garçons travaillent à des tonneaux, etc.)*

CHŒUR.

Air : *J'en ouvrais.*

Frappons fort ! (*bis*)
Travaillons encor
Et frappons tous d'accord.
Frappons fort ! (*bis*)
Car le travail est un trésor.

PREMIER PAYSAN, *à Ursule.*
V'là l' prix de vot' foin et d'vot' paille.

DEUXIÈME PAYSAN, *idem.*
V'là l' loyer d'vos vign's et d'vot' champ.

URSULE.
Avec zèl', que chacun travaille,
Plus tard, le bonheur vous attend.

CHŒUR.
Frappons fort ! (*bis*) etc.

URSULE, *additionnant.*

Dix-huit.. Vingt-sept.. Quarante-trois et vingt. Soixante-trois.
Ce qui fait bien 6,337 fr. 25 c. produit de notre petite propriété.
Allons, l'année n'a pas été mauvaise, et depuis cinq ans, que
nous habitons cette campagne nos revenus ont toujours été en
s'accroissant. Nous devons nous réjouir de nous être retirés dans
cette vallée de Chantilly où nous vivons riches et heureux...

Air : *Emma* (d'Auguste Panseron).

Air si pur,
Ciel d'azur,

Prairies,
Fleuries,
Bois épais,
Vents si frais,
Vous donnez le bonheur et la paix !

Dans le printemps, le champ que l'on cultive
D'épis nombreux se couvre et s'embellit
Et par milliers, les présens qu'on lui fit,
Nous sont rendus lorsque l'automne arrive.
Ah ! ah ! ah ! ah !

Air si pur, etc.

(*A Charlot.*) Tu le vois, mon fils, profite de notre exemple. Avec du travail, de l'ordre, on finit toujours par prospérer..

CHARLOT, *touchant aux sacs.*

Ainsi, maman, c'est donc à vous tout ça...

URSULE.

Sans doute ! notre notaire s'est chargé comme de coutume de me faire placer avantageusement ces dernières économies, et dans quelques jours je n'aurai plus à m'en occuper...

CHARLOT.

Dis donc, maman... Tu n'sais pas. C'est aujourd'hui la Sainte-Ursule, ta patronne et celle du pays. On veut te faire une surprise...

URSULE.

Eh ! bien, mon ami, pourquoi m'en parles-tu..?

CHARLOT.

C'est qu'on m'avait dit de ne pas te le dire, et je voulais te demander pourquoi ca... Moi j'ai appris un compliment pour te le réciter et papa... Mais les v'là !... Il n'faut rien dire...ils m'gronderaient... (*Il va jouer.*)

SCÈNE II.

LES MÊMES, AUGUSTE, BOURDIN, *il tient d'une main un cerceau et un marteau de tonnellier, de l'autre il tient une bouteille.*

BOURDIN.

AIR : *Mon père était pot.*

Ah ! queu plaisir de vendanger,
Des dieux il était digne !
Ici, j'peux tout fair' sans danger,
Aussi j'plante ma vigne,
J'vois naîtr' le bourgeon,
J'coup' le grapillon,
J'foul' ce doux jus que j'aime,
Je fais le cerceau,
Je fais le tonneau
Et le vide moi-même !

6

AUGUSTE.

Même Air.

A la campagne, quel bonheur
D'être propriétaire !
On soigne en mêm' temps, de bon cœur,
Et sa femme et sa terre...
Le blé, les enfans
Pouss'nt en même temps...
On travaille et l'on aime,
Enfin les moissons
Et les p'tits poupons
On fait tout par soi-même.

Embrasse-moi, ma femme !.. Et toi, aussi, mon p'tit Charlot..
Il fait chaud tout d'même à c'matin, nous v'nons de travailler, le
le beau père et moi, au cellier.

BOURDIN.

Oui, et en conscience, de même que l'bon vin fait les bonnes
gens, de même les bonnes gens font le bon vin ! parc'qu'ils n'y
méttent pas d'eau... Et je réponds qu'nous sommes de bonnes
gens nous...

URSULE.

Et qu'allez-vous donc faire au cellier.

AUGUSTE.

Pardienne !.. mettre en perce les pièces pleines...

BOURDIN.

Et emporter les vides...

AUGUSTE.

Il le fallait bien... Pour édifier un théâtre sous la grange.. Puisque c'est là, qu'tous ces comédiens ambulans doivent donner
une représentation ce soir, à l'occasion de la fête du pays..

BOURDIN.

Et en ma qualité d'ancien artiste vitrier, c'est moi, qu'est
chargé de peindre les décors.. Un'forêt épaisse.

AUGUSTE.

Avec un arbre tout autour... J'parie que votr' forêt aura l'ap-
parence d'une demi-voie de bois... C'est beau, les arts... Est-ce
pas, papa Bourdin... Ah !.. ah !.. ah !.. ah !..

BOURDIN.

Prends garde à toi monsieur le tapissier. Je vas te river ton clou.
Ah !.. ah !... ah !.. ah !..

AUGUSTE.

Un instant dans mon état, on s'connait en pointes... (*il rit plus
fort*). Ah ! ... Il est fameux... J'suis charmant à c'matin...
dam ! quand on est heureux... qu'on est libre, indépendant, pas
ambitieux...

URSULE.

Le fait est que nous n'ayons pas à nous plaindre... Il y en

qui ont une existence plus brillante, et qui n'ont peut-être pas notre bonheur.

AUGUSTE.

Oh! que c'est méchant!... Dites-donc papa Bourdin, vous n'comprenez pas encore celui-là... C'est d'sa sœur qu'elle veut parler, parce qu'elle doit être baronne à c't heure... Eh bien ! qu'elle reste dans ses beaux appartemens et qu'ell' mette à profit le bon tems.

Air du Vaudeville des Amazônes.

Nous le savons, la fortune est volage
Et devant nous, ell' n's'arrêt' qu'un instant,
Pour la r'tenir faut êtr' prudent et sage
Car sur ses pas ell' revient rarement. (*bis*)
Oui, quand ell' vol', lui saisissant la nuque,
Par les cheveux faut la prendre soudain...

BOURDIN.

Mais la fortun' souvent porte perruque,
Et la perruqu' nous reste dans la main !

CHARLOT, revenant.

Maman, v'là les ouvriers qui entrent pour le déjeuner . (*A son père et à son grand père.*) et vous, on vous d'mande à la grange pour le spectacle.

BOURDIN.

Bon !.. J'sais c'que c'est. . C'est monsieur l'maire qui veut m' faire peindre un soleil à côté du quinquet. (*Ils rient.*)

AUGUSTE. bas à Bourdin.

Ne dites rien, père Bourdin, plus tard nous r'viendrons en compagnie. Viens Charlot!.. Eh, mon Dieu!.. qu'est-ce qui arrive donc là-bas... Déjà du monde pour la fête... Onze dans un coucou...

BOURDIN.

Tiens, c'est sans doute les comédiens qu'nous attendons.

AUGUSTE.

Allons, venez père Bourdin... (*Ils sortent. Ursule rentre.*)

SCENE III.

MAD. BOURDIN, MANETTE, BELAMY, Comédiens
ambulans.

(*Les comédiens entrent ensemble. Madame Bourdin a une vieille robe de soie et un turban râpé, Belamy a une vieille r.dingotte blancke à collet tombant et doublée d'écossaise, des boîtes à revers et un vieux chapeau gris, Manette a une Amazone rougeâtre, elle est coiffée d'une toque de velours noir, ce costume est a peu près celui de la Comtesse de Tékéli, les autres comédiens ont aussi des costumes vieux, rapés, extrêmement grotesques et variés.)*

CHOEUR.

AIR de la *Muette*.

Pour la fête du village,
Nous venons (*bis*) tout exprès,
Espérons que ce voyage,
Nous vaudra (*bis*) pour ce soir un succès.

MANETTE.

Venez, maman... c'est par ici, que doit être la maison qu'on m'a indiquée.

BELAMY.

Et toi, Lucidor, en ta qualité de régisseur, tâche de nous déterrer une auberge..

MAD. BOURDIN, *un éventail à la main.*

Ah! je n'en peux plus.. Ces petites voitures sont si mal suspendues...

BELAMY.

Et moi donc, respectable amie... Venir de Pont-Ste-Maxence jusqu'à Villers-Cotterets... Traverser toute une forêt en lapin... Ouf!.. on pourrait faire de moi une excellente gibelotte, tant je suis disloqué... Quelle position pour le directeur de la troupe...

MAD. BOURDIN,

Soyez donc tranquille monsieur Belamy, la recette de ce soir paiera tout ça...

MANETTE.

Nous en avons fièrement besoin.. Ah! maman, quelle décadence!

BELAMY.

Qué débine!

MANETTE.

Moi, qui faisais courir les ducs et les princes au théâtre de la Scala... en être réduite à présent aux bravos des vignerons et des bouviers... du département de Seine-et-Oise...

BELAMY.

O néant des grandeurs!.. Avoir enchanté toutes les oreilles de la capitale... et se voir forcé de déchanter sans autre accompagnement que celui d'une grosse caisse et d'un flageolet...

MAD. BOURDIN.

Vous vous plaignez toujours... Moi!.. Je suis devenue folle de l'art dramatique... et je me félicite tous les jours de m'être lancée dans la carrière théâtrale... Ah!.. dam! je sais qu'on a des z'hauts et des bas...

BELAMY.

Hum!.. des hauts, pas toujours... et des bas... (*regardant ses jambes.*) bien rarement.

MANETTE.

Je vous demande un peu ce qu'ils vont dire dans le village en me voyant descendre d'un coucou avec le costume de la comtesse de Tékéli. Mais dam!.. Pouvais-je faire autrement, puisque j'ai été forcée de laisser ma garde-robe en plan, dans la dernière auberge, pour payer la dépense, comme c'est régalant... Tenez maman, je commence à croire que papa Bourdin avait raison dans le tems... J'ai eu tort de ne pas ne pas me faire passementière.

BELAMY.

C'est vrai... la passementerie ne va pas mal maintenant... à cause de la garde nationale.

MAD. BOURDIN.

Quelles idées... Lindamine!.. Vous une artiste! et fille d'une artiste, dont la réputation...

MANETTE.

Laissez-moi donc tranquille, maman... Hier encore vous vous êtes fait siffler à Senlis, dans la *Manie des Grandeurs*.

MAD. BOURDIN.

Oui, la cabale... Mais de quoi te plains-tu, voyons? Nous nous étions cru entièrement ruinées, et dernièrement tu reçois la nouvelle qu'une créance assez importante te sera payée... D'ici à quelque tems... empruntons dessus ma fille... Empruntons!. c'est mon système... Que diable nous sommes artistes et le sort ne sera pas toujours ingrat en vers le talent et les grâces... (*elle s'évente.*)

BELAMY.

Oui, mesdames... Empruntons?. C'est le plus sûr... Puisque nous avons des garanties... (*il tire un vieux foulard de sa poche.*)

MAD. BOURDIN.

Tiens, voilà la maison que ce notaire nous a indiquée, et dont le propriétaire cherche à placer des fonds... Profite de la circonstance, va, ma fille.

MANETTE.

Y pensez-vous, maman... Sous ce costume...

MAD. BOURDIN.

Raison de plus... C'est sans doute un paysan, un homme de la campagne... il te prendra pour une princesse qui voyage incognito... ça lui inspirera de la confiance...

MANETTE.

Allons, au petit bonheur!...

BELAMY.

C'est ça... Frappez à toutes les portes, nous, nous allons à l'auberge de l'endroit commander le souper..

MANETTE.

Vous voulez dire le dîner...

MAD. BOURDIN.

Ou plutôt le déjeuner.

BELAMY.

Toute une journée assis dans un coucou... On est sur les dents..

(*Ils sortent.*)

SCÈNE IV.

MANETTE, *seule.*

Ah! ça fait du bien de respirer l'air des champs... Si j'avais eu plus de raison... J'aurais peut-être un petit château maintenant, quand ce ne serait qu'une métairie... Au moins j'y vivrais indépendante et heureuse... C'est si gentil la campagne... Mais maintenant il ne s'agit ni de la nature ni de la campagne... Il s'agit de trouver de l'argent... Tâchons de reprendre mes airs de grande dame et frappons!.. (*Elle frappe à la porte.*)

SCÈNE V.

MANETTE, URSULE.

URSULE, *ouvrant.*

Qui frappe?..

MANETTE.

Ah mon dieu!.. Je ne me trompe pas!.. c'est ma sœur!.

URSULE.

Est-ce une erreur!.. Manette!.. C'est vous!.. (*plus froidement.*) Madame la baronne !

MANETTE.

Baronne!.. Oui, je t'en moque!.. (*à part.*) Que vais-je lui dire, et que va t'elle penser de mon costume!.. Elle a gagné... Je la trouve mieux qu'autrefois.

URSULE, *à part.*

Oh! quel changement... (*Haut.*) Et qu'est-ce qui me procure l'honneur de votre visite...

MANETTE.

Je vais te dire, Ursule... Je passais dans le pays, par hasard... Les médecins m'ont ordonné le grand air... Aussi tu vois, je suis en costume de voyage... Mais tu sais... en route, on se trouve à court. J'avais besoin de quelques fonds... On m'adressa au propriétaire de cette habitation... C'est une de tes connaissances... sans doute...

URSULE.

C'est moi!... C'est mon mari, du moins.

MANETTE.

Vraiment!.. tu es propriétaire dans ce pays? ah!.. ça se trouve bien... J'ai là une créance à recouvrer... Tiens, voilà mon titre... Je te paierai les intérêts le taux ordinaire, à dix, douze.. à quinze... ce que tu voudras... Oh! je ne tiens pas à l'argent, moi...

URSULE.

Pardon... Ce n'est point là, mon genre de placement... Je suis mère de famille...

MANETTE, *vivement.*

Vraiment!.. moi, qui aime tant les enfants... Cette chère Ursule!.. Mais viens donc... (*Elle fait un mouvement pour lui tendre les bras et se retient aussitôt.*) (*A part.*) Que c'est donc incommode d'avoir une robe à queue...

URSULE.

Au surplus... vous ne serez point embarrassée pour trouver des fonds... Quand on a comme vous, un talent... Une voix...

MANETTE.

Ma voix.... Je sais bien, mais c'est qu'il y a un petit inconvénient.... il m'est arrivé un événement terrible.... A la suite d'un concert où je venais de recevoir les marques les plus brillantes d'approbation... Bravo!.. brava!.. enfin je sortais d'un nuage de gloire et de poussière, lorsqu'en regagnant ma voiture, mon domestique tarda à m'apporter ma pelisse, mon cachemire.. (*Avec un soupir.*) car, j'avais des cachemires alors... C'était l'hiver... et un vent glacial...

URSULE.

Eh bien ?...

MANETTE.

Eh, bien !... depuis ce tems, te l'avouerai-je, ma sœur, j'ai perdu mon *la*.. Je le cherche encore...

Air : *J'ai perdu mon coutiau.*

Oui, j'ai perdu mon *la,* (*bis*)
Maintenant (*bis*) me voilà
Sans ressource et sans *la,*
Le plaisir me fuira,
La misèr' m'atteindra...
Car j'ai perdu mon *la,*
Oui, j'ai perdu mon *la.*

J'sais dans tous les états
Que chacun ici-bas
Perd quelque chose, hélas !
Une coquette perd ses charmes,
Un' tragédienne perd ses larmes,
Que d' commis et de rois
Ont perdu leurs emplois !
Et cependant je crois...

Que le plus grand malheur c'est encore le mien... Si tu savais comme autrefois j'étais entourée d'hommages, de prévenances... des dîners à trois services... des valets galonnés, une berline si douce, qu'il vous prenait des envies de dormir rien qu'à la regarder... Des petits soins, du crédit chez les marchands et des adorateurs à ne savoir qu'en faire... Aujourd'hui ce n'est plus ça...

> Car j'ai perdu mon *là*,
> Oui, j'ai perdu mon *la*,
> Maintenant (*bis*) me voilà, etc.

URSULE.

Mais, le baron est riche...

MANETTE.

Sans doute, il est fort riche le baron... Mais... (*elle rit*) ah ! ah ! ah !

URSULE.

Mais...

MANETTE.

Je ne suis pas baronne...

URSULE.

Qu'êtes-vous donc maintenant?..

MANETTE.

Je suis... bah !.. à quoi sert de te le cacher.. Je suis tout bonnement pour aujourd'hui, la comtesse...

URSULE.

La comtesse..?

MANETTE, *prenant un ton de mélodrame.*

La comtesse de Tékéli... dans le mélodrame de ce nom.

URSULE.

Quoi !... vous feriez partie de cette troupe de comédiens ambulans?...

MANETTE.

N'en dis pas de mal... car tu as des connaissances dans la troupe... M. Belamy, d'abord, notre directeur... et maman...

URSULE.

Eh bien !... maman ?

MANETTE.

Maman est souffleur.

URSULE.

Quoi?...

MANETTE.

Et même, en cas de besoin, joue avec distinction les fortes Dugazon corsets... elle était adorée à Pont-Sainte-Maxence !

MAD. BOURDIN, *en dehors, appelant.*

Lindamine !... Lindamine !

MANETTE.

Je l'entends... Ursule, à ton tour, ne fais pas trop la fière...

URSULE.

Peux-tu le penser ?

SCÈNE VI.

LES MÊMES, MAD. BOURDIN, BELAMY.

MAD. BOURDIN, *entrant.*

N'vous inquiétez pas, je jouerai en turban... ça m'va bien...

Lindamine!... Lindamine!... où donc êtes-vous? Ah! te voilà!
avec qui donc causais-tu là... quelle est cette étrangère?

(Elle lorgne Ursule.)

URSULE.

C'est votre fille!

MAD. BOURDIN.

Ursule!... pauvre enfant!... ça me fait plaisir de la revoir...
elle a bonne mine... jolie robe.... soie et coton... tu habites la
campagne?... Eh bien! comment vont tes petites affaires...Ur-
sule!... c'est ici, ta maisonnette?

URSULE.

Oui, maman.

MAD. BOURDIN.

C'est gentil... c'est modeste!

BELAMY.

Quand on a des goûts simples, des goûts bourgeois...

MAD. BOURDIN.

Qu'on aime à vivre de laitage.... qu'on n'est pas répandu
comme nous dans le grand monde...

MANETTE.

Maman...

MAD. BOURDIN.

Qu'on n'a pas un état de fortune.

MANETTE.

Maman, ne vous donnez pas la peine, je lui ai tout dit...

MAD. BOURDIN.

Ah!... alors, embrasse-moi, ma fille... je te pardonne.

(Elles s'embrassent.)

BELAMY.

Quelle grandeur d'âme!

MAD. BOURDIN, pleurant.

Ah! c'est maintenant que je jouis de tous les sacrifices que j'ai
faits pour toi...... je t'ai toujours dit de soulager ton semblable
quand il était dans l'besoin.

MANETTE, bas à sa mère.

Taisez-vous donc, maman.

MAD. BOURDIN.

Et ta petite famille?... ton oncle Laribaud?

URSULE.

Il est mort.

MAD. BOURDIN.

Le pauvre homme!... et ton père?

URSULE.

Vous êtes bien bonne, maman, il se porte bien... si vous
voulez l'embrasser...

MAD. BOURDIN.

Merci. (d part.) Si c'est là tout ce qu'elle a à m'offrir.

7

BELAMY.

Ainsi, c'est donc chez M. Laribaud que nous donnons notre représésentation ?... c'est fort drôle.

MAD. BOURDIN.

Moi, jouer la comédie devant M. Bourdin ?...

BELAMY.

Mais justement, j'entends sa voix.

MANETTE.

Mon père !... Je t'en prie, Ursule, que je puisse le voir un seul instant. Eh bien, cachons-nous là... Venez, maman... derrière ce bosquet.   (*Elles se cachent.*)

BELAMY.

Moi, ils ne me reconnaîtront pas.   (*Il sort.*)

SCENE VII.

URSULE, *en scène*, MAD. BOURDIN ET MANETTE, *cachées*, BOURDIN, AUGUSTE, CHARLOT, PAYSANS, GARÇONS ET FILLES.

CHŒUR.

AIR : *Au lever d'la mariée.*

Pour fêter not' bonn' maîtresse,
Nous venons tous de bon cœur;
A la chanter qu'on s'empresse,
Nous lui d'vons notre bonheur!

(*Tout le monde entoure Ursule et lui offre des bouquets.*)

BOURDIN.

Allons, à ton tour, Charlot, ce que l'maître d'école t'a fait apprendre... et d'là mémoire, surtout.

(*Ursule va s'asseoir d'an air pensif. Auguste s'appuie sur la chaise de sa femme, Charlot se place devant sa mère, et Bourdin le tient par la main.*)

CHARLOT, *d'un ton d'écolier.*

La cigale et la fourmi, fable.

La cigale ayant chanté
Tout l'été,
Se trouva fort dépourvue
Quand la bise fut venue...
Pas un seul petit morceau
De mouche ou de vermisseau.
Elle alla crier famine
Chez la fourmi sa voisine...
(*hésitant*) La... la... la...

URSULE, *à part.*

Quel rapport !

BOURDIN.

Eh bien, Charlot... (*le soufflant.*)

La frémi n'est pas prêteuse...

MAD. BOURDIN, *à part.*

Oh ! non.

URSULE, *embrassant son fils.*

C'est bien, c'est bien, mon petit Charlot... plus tard.... Mes amis, je suis touchée de votre empressement... Vous aussi, mon père, je suis sensible à votre amitié.... et cependant... je vais en exiger une nouvelle preuve.

BOURDIN.

Que veux-tu dire ?

URSULE.

Il y a près d'ici une personne qui vous aime autant que moi, et qui revient parmi nous, désabusée de toutes les idées d'ambition qu'elle avait eues.

BOURDIN.

Hein !... et qui donc ça... ta sœur peut-être ?

URSULE.

Elle attend, en tremblant, la permission de vous embrasser.

AUGUSTE, *avec humeur.*

Ma belle-sœur... la baronne ?

URSULE.

Elle n'est plus baronne... elle est malheureuse.

AUGUSTE.

Ah !... et où est-elle ?

URSULE.

Là... derrière le bosquet.

AUGUSTE.

Ouvrez les bras, père Bourdin, je vais vous la chercher.

BOURDIN.

Moi !... dois-je après ce qui s'est passé...

URSULE.

Mon père... c'est votre fille...

BOURDIN.

Ah ! la nature l'emporte !... viens, ma fille... (*Il ouvre les bras et Auguste, sans le savoir lui amène par la main madame Bourdin.*) Dieu ! ma femme ! (*Il se croise les bras.*)

MAD. BOURDIN.

Eh bien, oui, c'est moi, monsieur Bourdin.

BOURDIN.

Comment, épouse criminelle, vous osez encore... (*Apercevant Manette conduite par Ursule.*) Manette !

MANETTE.

Oui, mon père, c'est moi qui n'ai pas voulu partir sans vous faire mes adieux.

BOURDIN.

Il me semble, ma fille, qu'avant de me faire vos adieux, vous auriez bien pu me souhaiter le bonjour?

MANETTE.

Je sais que vous avez le droit de me faire de la morale.

MAD. BOURDIN.

Ah! si c'est d'la morale que tu veux, laisse-le parler... il n'y manqu'ra pas.

AUGUSTE.

Mais moi, je m'y oppose... c'est aujourd'hui la fête de ma femme... et nous sommes ici pour nous amuser.

URSULE, *à Manette.*

AIR de la *Vieille.*

Reviens au temps de notre enfance
Et le bonheur aussi te reviendra...

MAD. BOURDIN, *idem.*

Songe donc à notre créance
Qui dans deux ans se soldera...

MANETTE, *remettant son titre à Ursule.*

Cet argent, ma sœur, je le pense,
Bien mieux que nous le placera,
Dans ses mains il se doublera...

AUGUSTE.

Oui, dans nos cœurs que l'espérance brille,
Vous, pèr' Bourdin, embrassez votre fille,

BOURDIN, *lui tendant les bras.*

Oui, dans mes bras, reviens encor, ma fille,

URSULE, *regardant sa mère.*

Ne formons plus qu'une même famille...

MANETTE.

Dans ce beau jour que tout soit oublié,
Par le bonheur et l'amitié!

TOUS.

Dans ce beau jour, etc.

SCÈNE VIII ET DERNIÈRE.

LES MÊMES, BELAMY.

BÉLAMY, *entrant.*

Bravo! bravo! scène de famille : dans le genre de Jeannot et Colin.

AUGUSTE.

Jeannot vous-même, entendez-vous?

BÉLAMY.

Mais il ne s'agit pas de ça. Je viens vous annoncer...

MANETTE.

La composition du spectacle... vous pouvez afficher relâche.

MAD. BOURDIN.

Oui, M. Belamy, ma fille le veut, nous renonçons aux beaux-arts.

BELAMY.

Comment mes deux meilleures comédiennes... me voilà ruiné !

BOURDIN.

A la bonne heure... union et oubli ! Viens, Manette ! viens, Ursule ! et souvenez-vous que le cœur d'un père est comme une porte qui s'ouvre toujours à deux battans quand ses enfans viennent y frapper, même à une heure indue.

MANETTE, *au public.*

Air de la *Romance du 2e acte.*

Pour un' fable esquissée à d'mi,
Ici, messieurs, je vous implore...
Daignez protéger la fourmi,
Et puisse, grâce à vous aussi,
D'main la cigal' chanter encore...
Je r'nonce à mes anciens projets,
Vous m'approuverez, je le pense,
Et je veux chanter désormais,
En changeant le r'frain d'ma romance :
    A quoi sert la grandeur,
    J'aime mieux la tendresse ;
    Un peu moins de richesse,
    Un peu plus de bonheur !

CHŒUR.

A quoi sert la grandeur, etc.

FIN.

MISE EN SCÈNE.

PREMIER ACTE.

Au lever du rideau, Bourdin est à la droite et sa femme à la gauche du spectateur.

Manette et Ursule entrent venant de ce dernier côté ; elles se placent, la première à la droite de Bourdin qui la baise au front, et la deuxième à la gauche de sa mère. Ursule passe pour embrasser son père, va ensuite à la cheminée, et redescend la scène pour chanter son couplet. Bourdin sort à la droite et rentre par la même porte au moment de l'arrivée d'Auguste par le fond. Il se place entre Bourdin et sa femme ; Ursule et sa sœur vont et viennent près de la cheminée, l'une pour se mirer, l'autre pour soigner le pot-au-feu, tandis que Bourdin et sa femme préparent le couvert au milieu de la scène, où ils ont porté la table ; Auguste reste sur l'avant-scène, ayant Ursule à sa gauche et Manette à sa droite.

Position des personnages à table, prise de la droite des spectateurs :

Madame Bourdin, Ursule, Bourdin, Manette, Auguste.

Ce dernier se lève pour faire sa demande à Bourdin et à sa femme, puis il se rassied. Après le repas, les deux sœurs portent la table au fond, côté cour. Un ouvrier de Bourdin vient dire un mot à Ursule ; Bourdin sort par le fond à droite.

Bientôt M. Belamy paraît de ce côté se montrant d'abord à travers les carreaux. Ursule s'assied près de la petite table à la droite du spectateur. Sur l'avant-scène est Auguste ayant à sa droite madame Bourdin, Belamy et Manette. Cette dernière va offrir des marrons à sa sœur. Bourdin revient par où il est sorti et se place entre sa femme et Belamy.

Pendant la querelle des époux, Auguste et les deux sœurs les retiennent. Belamy reste à la gauche des spectateurs.

DEUXIÈME ACTE.

Manette, à la droite des spectateurs, touche du piano, madame Bourdin repasse un canezou, puis va chercher sa tasse de café qui est sur la cheminée et déjeûne. Manette va s'asseoir auprès d'elle et boit dans la soucoupe.

Belamy entre par le fond ; Manette à sa gauche et madame Bourdin à sa droite.

Auguste arrive par le fond et vient auprès de Manette qui roucoule ainsi que Belamy qui touche du piano. Madame Bourdin passe à la gauche d'Auguste. Ursule venant du fond, se place entre sa mère et Auguste.

Belamy qui s'est levé sort avec Manette et madame Bourdin par le fond. Ursule se tient à la gauche d'Auguste. Celui-ci s'assied à la gauche des spectateurs, et va et vient pendant sa colère.

Position des personnages à la scène suivante, prise de la droite des spectateurs :

Ursule, Belamy, Manette, madame Bourdin, Auguste. (Les amateurs au fond.)

Le domestique entre par le fond et remet une lettre à Belamy. Aux mots: Ecoutez, Belamy passe entre Manette et madame Bourdin. Au final les divers personnages se disposent à entrer dans le cabinet à la gauche des spectateurs, tandis que les amateurs se dirigent vers le fond.

TROISIÈME ACTE.

Auguste et Bourdin entrent venant du cabinet à gauche. (Bourdin à la droite d'Auguste.)

Julie arrive par le quatrième plan à la gauche et descend la scène entre Auguste et Bourdin. Ces deux derniers sortent par le fond à gauche.

Manette entre de l'autre côté avec Belamy à sa droite. Julie sort par où elle est entrée.

Madame Bourdin entre par le fond à gauche et se place à la gauche de sa fille. Julie, au fond, derrière, suit madame Bourdin qui sort par le fond à gauche.

Un domestique précède le baron qui entre par le fond à la droite des spectateurs; il se place entre Manette et Belamy. Un peu avant les mots: Foscaro, Belamy a passé à la gauche de madame Bourdin.

Ursule entre par la gauche des spectateurs (au fond), précédée de la femme de chambre qui sort après l'avoir annoncée; elle descend la scène à la droite de Manette, tandis que Belamy, le Baron et madame Bourdin sont à la droite. Cette dernière descend la scène et se place entre ses deux filles, tandis que Belamy et le Baron se promènent au fond. Aux mots: Sa sœur. le Baron redescend la scène.

Position des personnages, prise de la droite, Belamy, le Baron, Manette, madame Bourdin, Ursule.

Le Baron sort, par le fond à gauche, avec madame Bourdin ; Belamy les suit.

Manette reste en scène ayant à sa droite Ursule, qui sort par le cabinet à la gauche des spectateurs.

La société arrive par le fond à droite.

Belamy entre par la gauche au fond et va se placer à la gauche de Manette. La société remonte la scène.

Bourdin et Auguste entrent par le fond à gauche.

Position prise de la droite du spectateur, Belamy, Manette, Auguste, Bourdin. Julie derrière.

Madame Bourdin arrive par la porte à gauche et se place entre Manette et Auguste. Bourdin vient ensuite à sa droite.

Belamy, qui avait disparu un moment, revient par le cabinet à la droite du spectateur et se place à la gauche de Manette qui se trouve mal, soutenue par Belamy et sa mère. La société se retire par le fond.

QUATRIÈME ACTE.

Ursule est assise devant une petite table à la droite du spectateur, ayant son fils à sa gauche et près d'elle deux paysans qui lui apportent de l'argent. A la gauche, deux tonneliers travaillant, au fond, des batteurs de paille.

Ursule se lève pour chanter son couplet.

Bourdin et Auguste arrivent par le fond à droite. Ce dernier est à la droite d'Ursule et tient le milieu entre elle et Bourdin. Le petit garçon qui a rentré l'argent dans la maison, d'après un geste de sa mère, va et vient et disparaît un moment par le fond à droite. Il rentre en courant et se place à la droite de sa mère.

Auguste, Bourdin et le petit garçon sortent par la droite des spectateurs; ils se sont arrêtés un moment au fond pour voir venir les comédiens qui arrivent par la gauche. Ursule rentre chez elle à la droite du spectateur.

Belamy, donnant le bras à Manette, entre à la suite des comédiens, derrière arrive madame Bourdin soutenue par un des comédiens. Ceux-ci sortent par la droite.

Manette est entre Belamy (à sa gauche) et sa mère. Ces deux derniers sortent par la droite, au fond.

Ursule sort de sa maison et reste à la gauche de Manette.

Belamy et madame Bourdin rentrent par la droite au fond. Madame Bourdin est entre ses deux filles, Belamy à la droite de Manette.

Bourdin, le petit garçon et Auguste reviennent par la droite.

Manette se cache derrière Ursule.

Position prise de la droite du spectateur, Auguste, le petit garçon, Bourdin, Ursule; dans le bosquet à la gauche, Manette et sa mère, qu'Ursule va chercher par la main. Auguste va chercher madame Bourdin qu'il présente à son mari; Manette est à la gauche de ce dernier. Auguste est à la droite de Madame Bourdin.

Belamy revient par le fond à droite et se tient à l'extrême gauche des spectateurs.